Un fine settimana a VENEZIA

UN VIAGGIO, UNA CITTÀ, UNA STORIA

Fidelia Sollazzo

EDIZIONI C
casa delle lingue

CONDIVIDI LE TUE FOTO E I TUOI VIDEO
DELLA CITTÀ!
#UNFINESETTIMANAAVENEZIA

VUOI FARE ALTRI VIAGGI?

Un fine settimana a

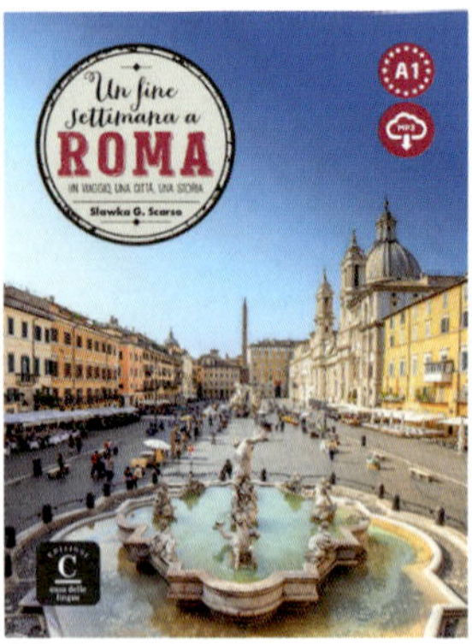

Un fine settimana a
VENEZIA

UN VIAGGIO, UNA CITTÀ, UNA STORIA

INDICE

TRACCE AUDIO E SOLUZIONI DELLE ATTIVITÀ SU

www.cdl-edizioni.com

(catalogo → letture → Un fine settimana a Venezia)

Dizionario visivo *Giorno 1*

vasca

vaporetto

gondola

tramonto

sfilata

calle

maschera

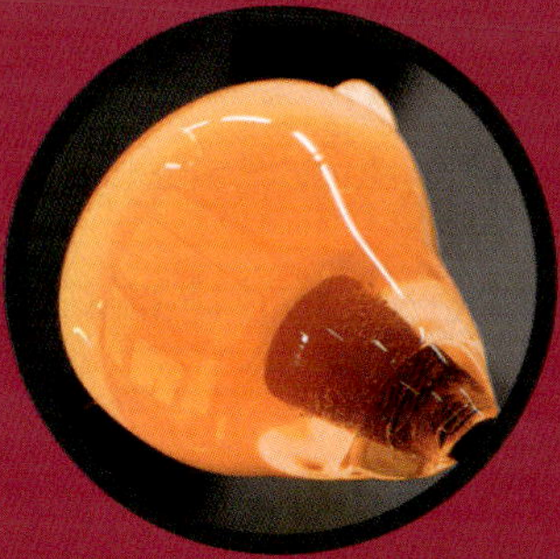

vetro fuso

costume

ricordino
in vetro

Giorno 1

Il mio cellulare squilla[1], è arrivato un messaggio. Con un po' di imbarazzo[2], mi guardo intorno. I miei colleghi sembrano tutti abbastanza annoiati[3]: siamo all'incontro finale di un convegno di architettura a Ca' Foscari, abbiamo fatto workshop, ascoltato conferenze, condiviso esperienze… È il mio lavoro e mi piace, ma adesso siamo tutti un po' stanchi. Anche perché ormai è venerdì e, fuori da questa stanza, c'è Venezia che festeggia il Carnevale. Cerco di non farmi vedere e leggo il messaggio.

Ciao! Allora, sei pronta a un fine settimana in Laguna? Ci vediamo domani? 12:57

Certo! Oggi pomeriggio vado a fare una passeggiata a Murano. 12:59

Brava! Divertiti, ci sentiamo più tardi. 13:00

Ca' Foscari

La sede principale dell'Università Ca' Foscari si trova sul Canal Grande. Fondata nel 1868, è stata la prima università italiana a proporre studi in campo commerciale, economico e linguistico. Oggi offre una grande scelta di corsi universitari, master e dottorati. Le sue sedi, in palazzi di grande valore storico e artistico, si possono visitare grazie a speciali visite guidate.

Ho conosciuto Alvise su Instagram, non ci siamo mai visti, ma ci siamo scambiati molti messaggi e alla fine abbiamo fatto amicizia. Lui è veneziano DOC e fotografo professionista, invece io mi sono appassionata da poco alla fotografia. Quando ho deciso di partecipare al convegno a Venezia, abbiamo pensato: ecco una buona occasione per conoscerci di persona!

Mezzora dopo il convegno è finito e cammino verso il vaporetto per Murano. Il centro della città in questi giorni è ancora più affollato[4], colorato e rumoroso[5] del solito. Gli eventi principali del Carnevale si tengono nella zona di San Marco, ma vedo maschere che passeggiano dappertutto[6]. L'atmosfera è allegra e festosa: chi si prepara a una festa in strada, chi alla sfilata sul Canal Grande che si tiene domani, chi semplicemente passeggia e si guarda intorno.

A Murano visito una vetreria storica[7]: ascolto un'interessante spiegazione sull'arte di lavorare il vetro e vedo alcuni processi della lavorazione[8]. I mastri vetrai[9] danno al vetro fuso le forme più incredibili, sembra quasi una magia.

Lavorazione del vetro

Arte conosciuta nella laguna già dal X secolo, il suo successo ha portato alla nascita di numerose botteghe artigiane. Le antiche tecniche di lavorazione sono usate ancora oggi per realizzare vari tipi di oggetti. Molto caratteristica è la lavorazione detta *murrina*, una specie di mosaico di vetro.

Anche passeggiare per Murano è un'esperienza piacevole. Apprezzo molto la tranquillità e l'eleganza delle calli, ammiro i bei palazzi gotici e le chiese e, naturalmente, compro un ricordino in vetro.

Dal vaporetto che mi riporta a Venezia mi godo una bellissima vista sulla laguna al tramonto. Arriva un altro messaggio di Alvise.

Ho avuto un'idea fantastica! Per entrare di più nello spirito del Carnevale, domani appuntamento[11] in maschera! 17:40

Buona idea! Ma dove lo trovo un costume? 17:41

Ma no, basta solo una maschera! Ora ti consiglio un laboratorio[12] dove andare. Intanto, il mio costume è questo: così mi riconosci! 17:42

17:42

Il laboratorio che mi ha consigliato Alvise si trova nel sestiere Castello, il quartiere più verde e tranquillo della città. Secondo alcuni, è il posto migliore per scoprire la Venezia più antica e autentica. Qui ci sono anche i Giardini della Biennale. Ho un bel ricordo di questo posto: l'ho visitato qualche anno fa e mi sono goduta una bella passeggiata nel verde tra architetture molto interessanti. Il padiglione[10] dell'Austria e dell'Olanda, in particolare, sono i miei preferiti, ma tutti meritano una visita. Purtroppo oggi è tardi per visitare i Giardini, ma voglio tornarci sicuramente a maggio, quando ci sono tutte le esposizioni[11].

Mentre passeggio per le calli, una libreria chiamata Acqua Alta attira la mia attenzione. Il locale è pieno di libri di ogni genere che però non si trovano ordinati su mensole[12], ma dentro gondole, vasche e barchette[13]. Insomma, tutti oggetti galleggianti[14]. Il proprietario mi spiega che durante i giorni di acqua alta la libreria si allaga[15], ma in questo modo i libri rimangono asciutti. Faccio un giro in questo luogo unico e scatto qualche fotografia.

Biennale di Venezia

È una fondazione culturale con diverse sedi espositive, tra cui i Giardini della Biennale, un vero museo dell'architettura all'aperto. Dal 1895 organizza l'Esposizione internazionale d'arte di Venezia, che promuove le nuove tendenze artistiche. La Biennale organizza anche la Mostra del Cinema di Venezia e la Mostra internazionale di Architettura.

Poco dopo entro nel laboratorio di maschere. Mi colpiscono i colori brillanti e la varietà di forme e decorazioni. Alcune maschere coprono tutto il viso, altre sono decorate con nastri[16] e campanellini[17]. Sono tante, e tutte così belle che non so dove guardare. Spiego alla proprietaria, una signora alta, bionda e sorridente, cosa mi serve e lei mi indica quali sono le maschere più tradizionali.

– C'è la Bauta, che è la maschera che indosserà il suo amico. È un vero classico del Carnevale. Perfetta per non farsi riconoscere perché copre tutto il viso, ma la sua forma lascia liberi di parlare, bere e mangiare.

– E questa? – chiedo – e intanto indico una maschera ovale di velluto nero.

– Ah, la Moretta! Una maschera tipicamente femminile! È semplicissima, ma di grande effetto. Anche se purtroppo non lascia la possibilità di parlare...

– Allora non fa per me... preferisco qualcosa di più comodo!

– Guardi questa, la Gnaga! Ricorda un gatto ed è un classico

Maschere tradizionali

A Venezia, la tradizione di mascherarsi per strada risale almeno all'XI secolo. La maschera ha tanto successo perché nasconde la propria identità e annulla le differenze sociali. Ma crea anche problemi di ordine pubblico. Per questo, dal '200 in poi, si fanno delle leggi per limitarne l'uso, fino a permetterlo solo nel periodo di Carnevale.

anche questa. Altrimenti può scegliere qualcosa di più moderno e fantasioso...

– No, no, va benissimo questa! Il gatto.

Ecco la mia maschera! 18:55

18:56

Bellissima! A domani... 19:00

Mentre la proprietaria del negozio prepara la mia maschera, vedo dei volantini[18]: il programma di una sala concerti, questa sera ci sono *Le Quattro Stagioni* di Vivaldi. “Ecco un’idea per questa sera!”, penso.

– Signora, mi scusi, è lontana la Scuola Grande di San Teodoro?

– Non è molto vicino, può prendere il vaporetto. Però le consiglio di andare a piedi, è una bella passeggiata. Guardi, le segno il percorso sulla cartina. Vuole andare al concerto?

– Sì, ho visto questo volantino e mi sono incuriosita...

– Se le piace la musica classica è perfetto – risponde la signora, entusiasta. – E poi c’è un’ambientazione straordinaria perché è in un palazzo storico e I Musici Veneziani sono un'orchestra che suona sempre con costumi d'epoca[19]. Io ho visto un loro concerto l'anno scorso e sono rimasta a bocca aperta!

Esco dal negozio molto soddisfatta del mio acquisto e vado verso San Marco. Ho ancora un po' di tempo prima del concerto, perciò metto via la cartina e faccio la cosa migliore da fare a Venezia: perdermi nelle calli. Può sembrare una cosa strana, ma per scoprire questa città bisogna fare così: passeggiare senza fretta, percorrere una deviazione[20] per scoprire dove porta, meravigliarsi davanti alle piazzette con i palazzi storici... secondo me il fascino della città è proprio questo.

Antonio Vivaldi

Compositore e violinista veneziano nato nel 1678, ha rinnovato la musica barocca e ha influenzato musicisti come Johann Sebastian Bach. L'opera di Vivaldi comprende circa 600 composizioni per vari strumenti, cantate e arie. Il suo lavoro più famoso sono i concerti per violino chiamati *Le Quattro Stagioni*, conosciuti e apprezzati per la forza e l'espressività della musica.

ATTIVITÀ *Giorno 1*

1

Indica se le seguenti affermazioni sono vero o false. Poi correggi quelle false.

	V	F
1. Federica e Alvise si conoscono da tanto tempo.		
2. Federica è a Venezia per festeggiare il Carnevale.		
3. Federica va a Murano da sola.		
4. A Federica è piaciuta la visita a Murano.		
5. Federica compra un costume per girare per Venezia.		
6. Alvise ha già un costume per domani.		

2

Completa le frasi con i seguenti aggettivi. Fai attenzione al genere e al numero.

autentico/a	tradizionale	allegro/a	unico/a	affollato/a	tranquillo/a

1. Il centro di Venezia è sempre pieno di gente: è davvero .... !

2. Durante il Carnevale la gente in città è molto contenta. L'atmosfera è ....

3. A Venezia, oltre alle zone turistiche, ci sono zone dove trovi solo veneziani. Sono le più ....

4. Non esistono altre città come Venezia: è veramente ....

5. Alvise ha scelto una maschera classica. Anche io voglio una maschera ....

6. È bello passeggiare per il centro, però è molto rumoroso. Andiamo in una zona più ....

3

Ecco le prime foto che Federica carica su Intagram. Indica per ciascuna a quale estratto della storia corrisponde.

1. L'atmosfera è allegra e festosa.

2. Mi godo una bellissima vista sulla laguna al tramonto.

3. I mastri vetrai danno al vetro fuso le forme più incredibili.

4. Durante i giorni di acqua alta la libreria si allaga, ma in questo modo i libri rimangono asciutti.

5. Mi colpiscono i colori brillanti e la varietà di forme e decorazioni.

6. Faccio la cosa migliore da fare a Venezia: perdermi nelle calli.

UNA CITTÀ SULL'ACQUA

Venezia si trova in una laguna del Mar Adriatico ed è una città completamente costruita sull'acqua. Deve questa caratteristica unica al mondo alla sua storia: durante le invasioni barbariche del V secolo, gli abitanti della terraferma si sono rifugiati sulle isole, più difficili da raggiungere per gli invasori. Grazie al suo patrimonio storico e artistico è stata dichiarata, insieme alla sua laguna, Patrimonio dell'Umanità dall'UNESCO.

APPUNTI **CULTURALI**

1

Il territorio della città comprende le zone di terraferma di Mestre e Marghera, dove si trova uno dei porti commerciali più importanti d'Italia, e diverse isole. Le più famose sono quelle di Murano, Burano e Lido di Venezia. Ma molto suggestive sono anche le isole più piccole, come Torcello e San Lazzaro degli Armeni.

2

1 Murano è nota internazionalmente per la produzione artigianale del vetro, ma ospita anche alcune bellezze artistiche, come la Basilica dei Santi Maria e Donato. Burano (foto), dalle casette coloratissime, è conosciuta anche come l'isola dei merletti e dei ricami. Lido di Venezia è una delle località balneari più frequentate d'Europa e ogni anno richiama personaggi famosi grazie alla Mostra del Cinema che si organizza qui.

3

2 A Venezia non ci sono strade, ma canali. Il principale è il Canal Grande, che attraversa tutta la città. Le varie isole sono collegate da 435 ponti, perlopiù in pietra. Il trasporto pubblico prevede una fitta rete di vaporetti e motoscafi, ma l'imbarcazione più tradizionale rimane sempre la gondola, autentico simbolo della città.

3 Caratteristico di Venezia è il fenomeno dell'acqua alta. Soprattutto in autunno e in inverno, la marea, combinata con un particolare vento e con la pressione atmosferica, alza le acque del mare fino ad allagare la città. Durante queste occasioni vengono montate delle passerelle che permettono di spostarsi in città senza bagnarsi. Nonostante i disagi, la vista della città allagata è comunque affascinante.

Dizionario visivo

Giorno 2 prima parte

ventaglio

mantello nero

nebbia

carretto

prigione

cappellino
di piume

scarpe
da ginnastica

cappello nero

tuffarsi

Giorno 2 - prima parte

Un fine settimana non basta a vedere Venezia. Perciò stamattina ho dovuto scegliere tra i numerosi musei e palazzi da visitare e ora cammino nelle sale delle Gallerie dell'Accademia, ammiro le opere di Tiziano, Tiepolo e Canaletto. È una collezione straordinaria, una tappa obbligata[1] per gli appassionati di pittura.

L'appuntamento con Alvise è a mezzogiorno in piazza San Marco, davanti al caffè Florian. Quando arrivo metto la mia maschera e lo vedo subito. Ha il costume che mi ha mostrato in foto, con il lungo mantello nero che lascia vedere solo un paio di jeans e delle scarpe da ginnastica. Un grande cappello nero completa il travestimento. Mi avvicino e lo saluto.

– Alvise? Ciao, sono Federica!

– *Buongiorno, siora maschera!*[2] – mi dice, in dialetto veneziano – La maschera è fatta apposta per non riconoscersi! Manteniamo un po' di mistero!

Gallerie dell'Accademia

Qui sono esposti i capolavori della Scuola veneta e veneziana, ci sono più di 800 dipinti che vanno dal XIII al XVIII secolo. Tra i principali artisti in esposizione: Bellini, Giorgione, Tintoretto, Tiziano, Tiepolo e Canaletto. Una curiosità: il famoso disegno "l'uomo vitruviano", di Leonardo da Vinci, è conservato qui.

Non gli vedo il viso, ma capisco che sta sorridendo, perciò sto al gioco[3] mentre lui continua:

– Oggi sono la tua guida nella città più bella del mondo. Vogliamo andare?

– Ma certo. Andiamo!

In piazza San Marco sembra di essere tornati nel Settecento, con dame[4] dagli abiti lunghi e ampi che indossano cappellini di piume e portano in mano ventagli colorati. Anche gli uomini hanno costumi bellissimi. Passeggiano in piazza e si mettono in posa[5] per i turisti davanti alla maestosa Basilica di San Marco. Non manca neppure la musica, perché ci sono piccoli gruppi che suonano qua e là in piazza. Ci indichiamo a vicenda[6] i costumi più fantasiosi e quelli che ci piacciono di più. Io mi fermo in continuazione per scattare foto: oggi ho portato la mia nuova macchina fotografica, ne vale la pena! Alvise invece non fa neanche una foto.

– Ma non scatti neanche una foto? Ci sono dei costumi straordinari!

Piazza San Marco

È il centro della vita veneziana e la sua atmosfera è sempre animata. Qui si trovano la Basilica di San Marco, con le sue cupole in stile orientale, il Palazzo Ducale, la Torre dell'Orologio e il Campanile di San Marco, uno dei più alti d'Italia. Ci sono anche alcuni bar storici che risalgono al Settecento, come il caffè Florian e il caffè Quadri.

– Preferisco guardarmi intorno, vivere il momento[7]... è più poetico! – mi risponde.

Mi sembra un po' strano: un fotografo professionista che si lascia sfuggire un'occasione[8] come questa... ma probabilmente oggi vuole sentirsi in vacanza. E poi, lui è di Venezia, sicuramente ha già tante foto del Carnevale.

Passiamo accanto al Palazzo Ducale, una struttura imponente con eleganti colonnati, e andiamo verso il Ponte dei Sospiri.

All'improvviso, Alvise interrompe la nostra conversazione.

– Ferma, ferma[9]! Queste sono le colonne di San Marco e Todaro! – esclama.

– Bellissime! – rispondo, entusiasta. – Sembra quasi una specie di cornice, o una porta per entrare nella piazza, no?

– Ah sì, belle sono belle... Però devi sapere che qui, nel Settecento, hanno giustiziato molti condannati a morte[10]. Tutti i veneziani sanno che passarci in mezzo[11] porta male[12]! – conclude Alvise con un tono tra lo scherzoso[13] e il serio.

Palazzo Ducale

È stato la sede dei Dogi della Repubblica di Venezia fino al 1797. Il suo stile unisce elementi bizantini e del rinascimento italiano, che testimoniano lo stretto legame tra Venezia e l'Oriente. Si trova in piazza San Marco ed è uno dei luoghi simbolo della città. È stato rappresentato sulla banconota da 1000 lire del 1982 insieme a un altro simbolo di Venezia, Marco Polo.

– Sei così superstizioso? – domando.

– Ma figuriamoci[14]! L'ho detto per farti conoscere una tradizione del luogo!

Il Ponte dei Sospiri collega Palazzo Ducale alle antiche prigioni e si può percorrere solo quando ci sono delle speciali visite guidate. Perciò ci accontentiamo di guardarlo dal vicino ponte della Paglia, insieme a moltissimi altri turisti che sono lì per fare la stessa cosa. I più romantici, invece, lo ammirano dal basso, a bordo di una gondola.

– È strano – commento. – Questo ponte è considerato la meta degli innamorati, ma in realtà i sospiri[15] erano quelli dei condannati che andavano verso la prigione…

– E già! Sai che Giacomo Casanova, imprigionato qui, è riuscito a fuggire[16] proprio da questo ponte?

Immagino la scena. È notte, il dongiovanni più famoso del mondo si trova sul ponte e, coperto dalla nebbia, si tuffa…

– *Ocio ae gambe, che go el careo*[17]*!*

Giacomo Casanova

Nato a Venezia nel 1725, Giacomo Casanova è stato scrittore, poeta, diplomatico e storiografo, anche se viene ricordato soprattutto per essere stato un grande conquistatore di donne. Durante la sua vita avventurosa ha viaggiato in tutta Europa e ha conosciuto i più grandi personaggi della sua epoca.

Faccio appena in tempo a tirarmi indietro: un signore veneziano con un carretto cerca di passare tra la folla di turisti. Ha l'aria abbastanza spazientita[18].

– Ecco un altro aspetto tipico della città! – dice Alvise allegramente.

– Va di fretta[19], eh?

– Lo capisco, poverino! – dice Alvise. – Spesso i turisti se lo dimenticano, ma a Venezia ci sono anche i veneziani! Immagina cosa dev'essere camminare tutti i giorni in una folla di turisti per andare al lavoro, o per tornare a casa.

– Beh, effettivamente...

– I veneziani sono persone gentilissime... ma in certe situazioni è normale perdere la pazienza. Perciò... – conclude lui, con tono scherzoso – ...Tenere sempre la destra nelle calli e mai fermarsi troppo a lungo in posti stretti!

– Senti, a proposito di fermarsi... Ti va di mangiare qualcosa? A me è venuta un po' di fame!

– Buona idea! Conosco il posto giusto per mangiare qualcosa al volo[20]. Andiamo!

ATTIVITÀ *Giorno 2 prima parte*

1

Indica quale dei queste informazioni sono presenti nel capitolo.

1. Federica fa una visita guidata alle Gallerie dell'Accademia. ☐

2. A Federica piace l'idea di andare in giro con la maschera. ☐

3. Alvise ha già scattato molte foto stamattina. ☐

4. Tutti i veneziani sono superstiziosi. ☐

5. Federica e Alvise non possono passare sul Ponte dei Sospiri. ☐

6. I turisti non possono camminare nelle calli strette. ☐

2

Completa il testo sul Caffè Florian con le seguenti forme verbali.

| si trasforma | diventa | ci sono | è | hanno frequentato |

Inaugurato il 29 dicembre 1720 da Floriano Francesconi, ... il più antico caffè italiano.

Tanti personaggi illustri .... questo caffè: Giacomo Casanova, Carlo Goldoni, Lord Byron, Ugo Foscolo, Charles Dickens, Goethe. Durante il Risorgimento, ... il luogo d'incontro dei patrioti italiani e durante la rivoluzione del 1848 .... in un ospedale per i patrioti feriti.

.... sei bellissime sale decorate a tema: Sala del Senato, Sala cinese, Sala orientale, Sala degli Uomini Illustri, Sala delle Stagioni, Sala Liberty.

3

Osserva i due dipinti di Canaletto e scegli l'opzione corretta di completamento.

Il Campanile di San Marco è **in mezzo alla piazza / di fronte alla Basilica di San Marco**.

Davanti a / dietro alla Basilica di San Marco c'è un mercato.

Ci sono delle persone **in mezzo alla / sopra la** piazza.

A destra / a sinistra c'è una torre.

Sotto / sopra al ponte c'è una gondola.

Al lato della / vicino alla torre c'è un giardino.

ARTE A VENEZIA

Da secoli, Venezia è un vivacissimo centro culturale e artistico. La varietà e la ricchezza delle sue opere d'arte e delle sue bellezze architettoniche richiamano milioni di visitatori ogni anno.

APPUNTI **CULTURALI**

L'arte veneziana è molto varia e rispecchia i diversi periodi storici della città. Inoltre, Venezia è sempre stata un punto d'incontro tra Oriente e Occidente: per questo motivo, in città si trovano architetture e opere di chiara ispirazione orientale, come le cupole della Basilica di San Marco.

1

2

3

1 Passeggiando per Venezia si può ripercorrere la sua storia guardando i bei palazzi signorili: Palazzo Fortuny e Ca' d'Oro, in stile gotico veneziano, Ca' Rezzonico (foto), in stile barocco, e Palazzo Grimani, un imponente edificio rinascimentale sul Canal Grande.

2 Anche le chiese sono notevoli. Dalla grandiosa Basilica di San Marco, ricca di decorazioni e mosaici, a quella di Santa Maria della Salute (foto), classico esempio di architettura barocca veneziana. Le chiese stupiscono anche per i tesori che custodiscono: quadri e affreschi di artisti come Tiziano, Canaletto e Tiepolo.

3 I principali musei cittadini sono le Gallerie dell'Accademia, Palazzo Grassi, sede di diverse mostre d'arte internazionale, la Collezione Peggy Guggenheim, che comprende opere d'arte americane ed europee del XX secolo e il Museo Correr, con dipinti che vanno dal XV al XIX secolo e sculture come Dedalo e Icaro, di Canova (foto).

Dizionario visivo

Giorno 2 seconda parte

fritti

capelli ricci

tavolino

chiocciola

fumetti

aperitivo

affettati

pasticceria

bruschette

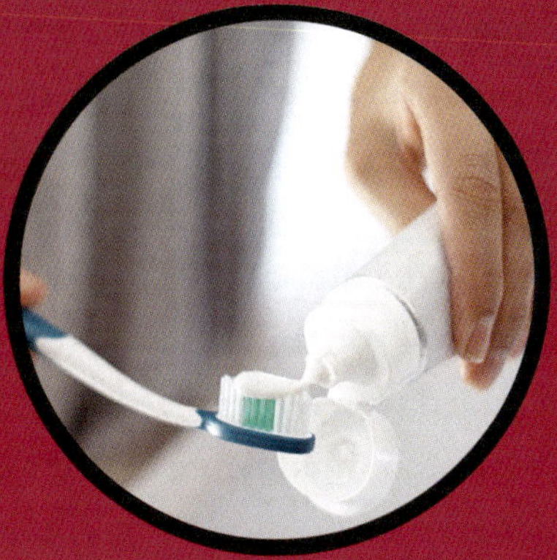

lavarsi i denti

caricabatteria

Giorno 2 - seconda parte

Poco dopo siamo nella pasticceria Rosa Salva, in una calle a poca distanza dal Duomo. Il locale non è molto grande, ma ci sono alcuni tavolini per sedersi e c'è una grande scelta di golosità[1] dolci e salate che fa venire l'acquolina in bocca[2]. Mentre facciamo la fila per ordinare[3], Alvise mi spiega che è una pasticceria storica della città, frequentata anche dai veneziani.

Mi indica dei dolci tondi, dorati e ricoperti di zucchero.

– Scegli quello che vuoi, ma le frittelle[4] le devi assaggiare – mi dice. – Sono tipiche del Carnevale, si trovano solo in questo periodo.

– Sembrano buone... ma ce ne sono di vari tipi?

– Sì, certo, come ogni ricetta tradizionale ha delle varianti. La frittella più classica è quella con uvetta e pinoli[5], ma ce ne sono anche alla crema, allo zabaione...

Abbiamo la fortuna di trovare un tavolino e ci sediamo. Assaggio una frittella: è soffice[6] e ancora tiepida[7], buonissima! Nel locale fa un po' caldo e mangiare con queste maschere non è molto comodo, perciò mi tolgo[8] la mia e Alvise fa la stessa cosa. Mi guarda con un'espressione furbetta[9], ma non dice niente. Forse senza maschera è in imbarazzo. È alto e ha i capelli ricci e castani, come nella foto che mi ha mandato, ma gli occhi sono azzurri e la forma del naso è un po' diversa, più allungata. Ma in foto, spesso, siamo diversi. Probabilmente pensa le stesse cose di me, perché continua a guardarmi e non dice niente.

– Ecco, finalmente ci vediamo! – dico io allegramente, per rompere il silenzio. Poi, visto che sembra ancora in imbarazzo, cambio argomento:

– Allora, dove mi porti nel pomeriggio?

Funziona, perché fa un sorrisone e ricomincia a chiacchierare[10] proprio come prima.

La prima tappa è una vera chicca[11], a pochi passi da San Marco, ma abbastanza nascosta: la scala Contarini, detta del Bovolo, che in dialetto veneziano significa "chiocciola". Sembra una torre, saliamo in cima e ci godiamo il panorama. Durante il nostro giro passiamo sul ponte di Rialto per attraversare il Canal Grande e giriamo per le calli e i campielli[12] con i bei palazzi signorili del Settecento. Nella Scuola Grande di San Rocco ammiriamo gli affreschi di Tintoretto e visitiamo la Basilica dei Frari, maestosa e ricca di opere d'arte. Alvise è una guida veramente brava: conosce molto bene la sua città e mi porta anche nella Venezia meno turistica, quella degli angolini nascosti[13]. Mi racconta anche delle leggende sui posti che attraversiamo, o delle storie sui personaggi storici che hanno vissuto qui, come Goldoni, Marco Polo… In questo modo, la città sembra ancora più magica e incantata. A un certo punto addirittura mi stupisce perché mi mostra alcuni dei posti dove

Scala Contarini del Bovolo

Palazzo Contarini (detto del Bovolo) è un edificio nobiliare in stile tardo gotico. Una delle sue facciate è completamente decorata con archi a tutto sesto, che abbelliscono anche la torre esterna con scala a chiocciola. In cima alla torre si trovano una cupola e un belvedere da cui ammirare il panorama.

sono ambientate le storie di Corto Maltese.

– Vedi quel ponte davanti a noi? Si chiama Ponte Widmann. Ma Corto Maltese, quando passa di qui nelle sue avventure lo chiama Ponte della Nostalgia. È un nome più romantico, no?

– Sì, è un nome molto adatto! – rispondo. – Ma... mi hai sempre detto che i fumetti non ti piacciono!

– Ah, si? Beh... Per Corto Maltese faccio un'eccezione! – risponde lui. Poi cambia argomento – Adesso, però, è l'ora dell'aperitivo, e a Venezia non si può saltare l'aperitivo! Andiamo!

Appena arriviamo in Campo Santa Margherita capisco che Alvise non ha esagerato: l'aperitivo a Venezia è una cosa seria. La piazza è animatissima e l'atmosfera è vivace. Persone di tutte le età, veneziane e non veneziane, passeggiano, chiacchierano, si rilassano sulle panchine[14] e ai tavolini dei bacari, i tipici bar veneziani che offrono tanti piatti da stuzzicare[15]. Alvise mi spiega come si fa un vero aperitivo alla veneziana:

– La cosa più classica da bere è un'ombra, cioè un bicchiere di

Corto Maltese

È un personaggio dei fumetti ideato da Hugo Pratt. Corto Maltese è un marinaio dallo spirito ironico e sognatore e le sue storie sono ambientate all'inizio del XX secolo in numerosi luoghi: l'Oceano Pacifico, il Sud America, Venezia. Le sue avventure, disegnate a partire dal 1967, sono considerate un classico del genere, in Italia e all'estero.

vino bianco. Però è ottimo e tipico anche lo spritz.

– Sì, certo, lo conosco, lo fanno in tutta Italia.

– No, fidati[16], lo spritz a Venezia è un'altra cosa!

– Allora lo provo! E da mangiare...

– Dipende un po' dal bacaro... Alcuni hanno affettati, bruschette, fritti... E poi ci sono i piatti della tradizione: sarde in saòr, cioè sardine con salsa di cipolle, baccalà mantecato...

– Sembra tutto molto invitante[17]! Come facciamo a scegliere il bacaro giusto?

– Non scegliamo: facciamo il giro dei bacari! Che poi è quello che fanno i veneziani: un cicchetto[18] qui, uno più avanti...

– Perfetto! Ma conosci tutti questi locali?

– A Venezia sono dappertutto! Di solito per capire quali sono i più buoni seguo il consiglio di mia nonna: "*Dove ghe xe i veci e i gondolieri se beve e se magna ben*"[19]!

Quando torno in albergo, sono veramente stanca. Guardo il cellulare per la prima volta da stamattina: è spento, sicuramente la batteria scarica. Lo attacco al caricabatteria e intanto mi lavo i denti e mi metto il pigiama. Arrivano dei messaggi di Alvise.

Tutto bene? Ti sei persa? 12:30

Vado a fare un giro verso Rialto! Se ti va, chiamami e ci incontriamo! 🙂 12:40

Certo che è proprio un bel tipo: un giro a Rialto adesso! Sorrido, mi metto a letto e mi addormento subito.

ATTIVITÀ *Giorno 2 seconda parte*

1

Metti in ordine le seguenti frasi per ricostruire il riassunto del capitolo.

- [ ] Visitano altri punti d'interesse della città.
- [ ] Si tolgono le maschere.
- [ ] Fanno il giro dei bacari.
- [ ] Entrano in pasticceria e ordinano qualcosa.
- [ ] Federica riceve dei messaggi strani.
- [ ] Vanno a Campo Santa Margherita per l'aperitivo.

2

Ricostruisci il dialogo tra Federica e Alvise.

Delle bruschette... e poi vorrei assaggiare le sarde in saòr. ------------------------------

Allora cosa prendi da bere? ------------------------------

Anch'io uno spritz, e poi dei fritti e il baccalà mantecato. ------------------------------

----

Ottima scelta. ------------------------------

Brava! E da mangiare? ------------------------------

Un vero spritz veneziano! ------------------------------

E tu? Cosa prendi? ------------------------------

Bravo, così lo assaggio! ------------------------------

3

Inserisci le seguenti frasi per completare le biografie.

1 è considerato uno dei più grandi viaggiatori di tutti i tempi

2 tra le sue commedie più famose

3 commediografo e scrittore

4 ha raccontato le sue avventure nel libro

Carlo Goldoni

☐, è nato a Venezia nel 1707. È stato il primo a ideare personaggi realistici e ben caratterizzati. ☐ ci sono La Locandiera, La bottega del caffè e I Rusteghi, in dialetto veneto.

Marco Polo

Mercante e scrittore veneziano, ☐. È partito per la Cina da ragazzo ed è rimasto in Asia per circa 24 anni, durante i quali ha avuto modo di vedere e conoscere luoghi, persone e usanze fino ad allora sconosciuti agli europei. ☐ Il Milione.

CUCINA VENEZIANA

La cucina veneziana comprende una grande varietà di piatti di pesce e carne, i cui ingredienti provengono spesso dalle diverse culture con cui la città è entrata in contatto: il baccalà che viene dal Baltico, le spezie importate dall'Oriente, il riso introdotto dagli Arabi e la polenta, fatta con il mais proveniente dal Nuovo Mondo.

APPUNTI **CULTURALI**

I piatti tipici si possono assaggiare nei numerosi ristoranti e trattorie. In alternativa, i bacari offrono come aperitivo una vasta gamma di cicchetti, deliziose mini-porzioni dei piatti tradizionali.

1

1 Tra i piatti di pesce si distinguono il baccalà mantecato e le più elaborate sarde in saor (foto), condite con cipolla, uvetta e pinoli. Tradizionale è anche il fegato alla veneziana, cotto con aceto, burro e cipolla. Infine non può mancare un piatto di risi e bisi (riso e piselli).

2

2 La pasticceria veneziana è ricca e varia. Ci sono biscotti secchi come baicoli o zaeti, perfetti da inzuppare nel caffè o nel vino dolce; il pan del doge, un dolce lievitato arricchito da fichi secchi, noci e miele; e infine, i dolci tipici del carnevale: le fritole (frittelle) nelle loro diverse varianti e i galani, chiamati anche crostoli o chiacchiere (foto): sottili strisce di pasta fritta e spolverata di zucchero.

3

3 I vini della laguna, e del Veneto in generale, sono di alta qualità e molti hanno il marchio DOC. Nella vasta scelta tra vini bianchi, rossi, spumanti e passiti sono da ricordare il Prosecco, il Soave e l'Amarone. Popolarissimo, poi, è lo spritz (foto), un aperitivo a base di prosecco, acqua frizzante e un bitter come Aperol o Campari.

Dizionario visivo

Giorno 3

allargare le braccia

colazione

arrabbiarsi

riva

pallonchino

fuochi
d'artificio

ridere

applauso

Giorno 3

Mi sveglio presto e mi ricordo che non ho risposto ai messaggi di Alvise. Chissà[1] se poi l'ha fatta la passeggiata di notte a Rialto! Prendo il telefono per scrivergli un messaggio e mi accorgo[2] di una cosa che ieri sera non ho notato, probabilmente per la stanchezza: i messaggi di ieri, quelli che ho letto la sera, Alvise li ha mandati poco dopo mezzogiorno. Ma a quell'ora eravamo insieme! Certo che è strano[3], questo ragazzo! Ripenso alla giornata di ieri e mi ricordo di altre piccole cose che mi sono sembrate strane: è un fotografo ma non fa foto, non ama i fumetti ma gli piace Corto Maltese... Poi ho un'intuizione e cerco la sua foto, quella che mi ha mandato qualche mese fa, quando abbiamo cominciato a scriverci. La stessa altezza[4], gli stessi capelli, anche la forma del viso sembra uguale... Ma non è lui! Ma allora, chi è la persona che ho incontrato ieri, e perché mi ha portata in giro tutto il giorno? Sono confusa... ma una cosa è certa: non sono andata all'appuntamento con Alvise, quello vero, e ho fatto proprio una brutta figura[5]. Devo almeno provare a spiegargli quello che è successo.

Ciao! Mi dispiace[6] che ieri non ci siamo visti...scusa! Mi è successa una cosa stranissima... 08:25

Ma allora ci sei! Sì, dispiace anche a me, ma non fa niente[7]! Tutto bene? Cosa è successo? 08:45

Se ti va, ci vediamo stamattina, così ti offro la colazione e ti racconto! 08:46

Va bene! Allora stesso programma di ieri, ci vediamo in maschera? 08:47

Niente maschere, per carità[8]! Poi ti spiego! ;) 08:48

Più tardi, al tavolino di un bar nel sestiere San Polo, Alvise ascolta divertito la mia storia.

– Quindi uno sconosciuto[9] in maschera ha fatto finta[10] di essere me e ti ha portata in giro per Venezia – dice, divertito.

– Proprio così!

Alvise allarga le braccia, e dice:

– Beh, questo è proprio lo spirito del Carnevale: lo scherzo[11], lo scambio di identità…

– Però non capisco perché non ci siamo incontrati!

– Colpa mia[12]! Ieri mattina ho perso tempo per cercare il mio costume. Ho cercato dappertutto in casa, ma l'ho trovato solo stamattina. Infatti ieri all'appuntamento sono arrivato con un quarto

I sestieri

Venezia è divisa in sei sestieri, che corrispondono alle antiche zone amministrative della città: Cannaregio, Castello, Dorsoduro, San Marco, San Polo e Santa Croce. I sestieri sono rappresentati sul ferro delle gondole: ciascun dente rappresenta un quartiere, mentre la forma "a S" rappresenta il percorso del Canal Grande.

d'ora di ritardo[13] e senza costume.

– Quindi in quel quarto d'ora ho incontrato il misterioso sconosciuto – dico io. – E la sua maschera? Uguale a quella che mi hai fatto vedere tu in foto!

– Beh, la bauta è una maschera abbastanza comune...

– E poi, la vuoi sapere un'altra cosa strana? – continuo – Vi assomigliate[14], anche! Ecco, guarda, abbiamo fatto una foto insieme. Alvise guarda la foto e comincia a ridere.

– Ma questo è quello scemo[15] di mio fratello!

– Tuo fratello?! – esclamo io. – E come gli è venuto in mente[16]?

– Probabilmente quando gli ho detto del nostro appuntamento ha pensato di fare uno scherzo – risponde Alvise, senza smettere di ridere.

– Quindi la tua maschera è sparita perché l'ha presa lui?

– Sicuramente! Tommaso si diverte un sacco a fare scherzi.

Lo devo dire, è stato uno scherzo ben riuscito. E poi Tommaso si è impegnato ed è stato una guida simpatica e divertente per tutto il giorno. Insomma, è impossibile arrabbiarsi. Però...

– Senti, allora rimaniamo nello spirito del Carnevale – dico – facciamo noi uno scherzo a lui!

– Ci sto [17]! Hai già pensato a qualcosa?

– Forse sì... Alzati un attimo.

Alvise si alza, mi metto in piedi vicino a lui e confronto le nostre altezze. Non c'è molta differenza.

– Andiamo – dico. Abbiamo bisogno del tuo costume.

Sono sulle rive del Canal Grande, vicino al ponte di Rialto. Oggi nel programma del Carnevale veneziano c'è una sfilata di barche che parte da Punta della Dogana e percorre tutto il canale fino a Cannaregio. Tutti i partecipanti sono in maschera e la sfilata passa tra gli applausi del pubblico sulle rive, la musica e i palloncini che volano.

Alvise ha telefonato al fratello e gli ha dato appuntamento qui. In realtà, ad aspettare Tommaso ci sono io, che indosso il costume da Bauta di Alvise: maschera, mantello e cappello. Il mantello mi sta un po' grande ed è troppo lungo, ma meglio, così mi copre i piedi.

Vedo Tommaso tra la folla e gli faccio un gesto con la mano. Lui mi raggiunge.

– Alla fine l'hai trovata, la tua maschera! – dice.

Rimango in silenzio e aspetto. Lui, che è un chiacchierone, riprende subito:

– Senti, ma poi ieri l'hai incontrata, la tua amica? No, eh? Peccato[18]! Io invece ho fatto una bellissima passeggiata con una ragazza che ho conosciuto per caso...

"Che faccia tosta[19]!" penso. Ma non dico niente, anche se mi viene da ridere.

– Chissà, magari oggi la rivedo! – continua, mentre guarda il canale. Poi si gira verso di me e dice:

– E dai, Alvise, non dici niente?

– È per mantenere il mistero, no? – dico io, e mi tolgo la maschera.

Per un attimo rimane a bocca aperta. Poi entrambi scoppiamo a ridere.

– Beh, me lo merito![20] – dice. – Ma non sei arrabbiata per lo scherzo, vero?

– Ma figurati, mi sono divertita tantissimo!

– Allora dai, andiamo a cercare Alvise. Deve essere qui da qualche parte, immagino.

– Sì, è qui. Ci aspetta dietro l'angolo.

– Perfetto! Così possiamo andare tutti insieme a Cannaregio! Dopo la sfilata si aprono gli stand enogastronomici con dolci e cicchetti. Si scherza su tutto, ma su quelli no!

"Che tipo!", penso mentre si allontana tra la folla. "Chissà se i veneziani sono tutti così?"

Dopo la visita agli stand, facciamo una passeggiata nel Ghetto ebraico di Cannaregio, nelle atmosfere che hanno ispirato il Mercante di Venezia di Shakespeare. Sembra di essere in un altro mondo, tranquillo, pieno di angolini affascinanti.

La sera arriva presto e per me è il momento di ripartire. I miei nuovi amici mi accompagnano in stazione e lungo la strada ne approfitto per fare qualche foto al Ponte della Costituzione, che è vicino alla stazione di Santa Lucia. È una struttura di acciaio e vetro molto moderna. Secondo qualcuno, troppo moderna, per una città come Venezia. Ma a me piace, lo trovo leggero ed elegante.

– Mi sono divertita tantissimo! Grazie, ragazzi! Mi dispiace un

Ghetto

È il quartiere dove gli ebrei sono stati obbligati ad abitare dal XVI secolo al 1797. È il ghetto più antico d'Europa e ancora oggi è il centro della comunità ebraica veneziana, sede di sinagoghe e del Museo Ebraico, che conserva libri e oggetti della tradizione. Oggi è una zona vivace e frequentata, dove si respira un'atmosfera magica e fuori dal tempo.

1

2

3

APPUNTI **CULTURALI**

Alcuni eventi in città, come quelli di origine religiosa o che ricordano fatti storici, sono molto antichi e particolarmente sentiti dai veneziani, come il Carnevale o la Festa del Redentore. Altri, invece, hanno origini più moderne ma sono entrati ugualmente nella tradizione, come la Mostra del Cinema.

1 Carnevale. Uno dei più apprezzati al mondo, risale alla fine dell'XI secolo e si festeggia nei giorni precedenti alla Quaresima. Sin dal tempo dei Dogi, le maschere erano un mezzo per garantire l'anonimato, vivere con spensieratezza e infrangere le regole sociali. Oggi è una festa gioiosa a cui partecipa tutta la città e prevede diversi eventi, come la sfilata sul Canal Grande (foto) e lo spettacolare Volo dell'Angelo.

2 Festa del Redentore. Si festeggia in luglio ed è un ringraziamento per la fine della peste del 1575-1577. Sul canale della Giudecca viene allestito un ponte di barche su cui i cittadini passano in processione fino alla Chiesa del Redentore. La festa prevede anche uno spettacolo di fuochi d'artificio e regate di imbarcazioni tipiche veneziane.

3 Mostra del Cinema. Uno dei più importanti festival cinematografici al mondo, organizzato dal 1932, generalmente tra agosto e settembre. Si tiene al Lido di Venezia, che per l'occasione si trasforma in una passerella di celebrità. Il premio più ambito è il Leone d'Oro, che prende il nome dal leone di San Marco, simbolo di Venezia.

GIORNO 1

ITALIANO	INGLESE	FRANCESE	TEDESCO	NEERLANDESE
1. squillare	to ring	sonner	klingeln	gaan
2. imbarazzo	embarrassment	honte	Scham	schaamte
3. annoiato/a	bored	ennuyé, e	langweilig	verveeld
4. affollato/a	crowded	bondé, e	überfüllt	tjokvol
5. rumoroso/a	noisy	bruyant, e	laut	lawaaierig
6. dappertutto	everywhere	partout	überall	overal
7. vetreria storica	historical glass factory	usine de verre historique	historische Glasfabrik	historische glasfabriek
8. lavorazione	production	fabrication	Herstellung	vervaardiging
9. mastro vetraio	master glassmaker	maître verrier	Glasermeister	meester-glasmaker
10. padiglione	pavilion	pavillon	Pavillon	paviljoen
11. esposizione	exhibition	exposition	Ausstellung	expositie
12. mensola	shelf	étagère	Regal	boekenkast
13. barchetta	small boat	barque	Boot	bootje
14. galleggiante	floating	flottant, e	schwimmend	drijvend
15. allagarsi	to be flooded	s'inonder	überschwemmen	overstroomd worden
16. nastri	bow	nœud	Schleife	strik
17. campanellini	small bells	clochettes	Glöckchen	belletje
18. volantino	pamphlet	prospectus	Poster	pamflet
19. costume d'epoca	period costume	costumes d'époque	Kostüme alter Epochen	historische kostuum
20. deviazione	detour	détour	Umweg	omwegen

GIORNO 2 - I

ITALIANO	INGLESE	FRANCESE	TEDESCO	NEERLANDESE
1. tappa obbligata	must-visit	arrêt obligé	Pflichtbesuch	verplichte halte
2. Buongiorno, signora maschera.	Good morning, madam mask.	Bonjour, madame le masque.	Guten Tag, Frau Maske.	Goedemorgen, gemaskerde vrouw.
3. stare al gioco	to play along	jouer le jeu	mitspielen	meespelen
4. dama	lady	dame	Dame	dame
5. mettersi in posa	to pose	prendre la pose	posieren	poseren
6. a vicenda	each other	mutuellement	gegenseitig	elkaar
7. vivere il momento	to live in the moment	vivre le moment présent	den Augenblick leben	in het moment leven
8. lasciarsi sfuggire un'occasione	to miss an opportunity	laisser passer une opportunité	Gelegenheit nicht wahrnehmen	een kans laten liggen
9. Ferma, ferma!	Stop, stop!	Arrête, arrête !	Halt, stopp!	Stop, stop!
10. condannati a morte	sentenced to death	condamnés à mort	zum Tode verurteilt	ter dood veroordeelden
11. passare in mezzo	to go through	passer entre	hindurchgehen	ergens tussendoor lopen
12. portare male	to be bad luck	porter malheur	Unglück bringen	ongeluk brengen
13. scherzoso/a	sardonic	taquin, e	spöttisch	spottend
14. Ma figuriamoci!	No way!	Pas du tout !	Ach was!	Echt niet!
15. sospiro	sigh	soupir	Seufzer	zucht
16. fuggire	to escape	échapper	ausbrechen	ontsnappen
17. Attenti alle gambe che ho il carretto!	Watch your legs, cart coming through!	Attention aux jambes ! Je passe avec le chariot !	Vorsicht mit den Füßen, ich komme mit dem Karren!	Let op de benen, ik kom langs met een karretje!
18. spazientito/a	impatient	impatient, e	ungeduldig	ongeduldig
19. andare di fretta	to be in a hurry	être pressé, e	es eilig haben	haast hebben
20. al volo	quick	rapide	schnell	snel

GIORNO 2 - II				
ITALIANO	**INGLESE**	**FRANCESE**	**TEDESCO**	**NEERLANDESE**
1. golosità	delicacy	délices	Leckereien	lekkernijen
2. acquolina in bocca	to make one's mouth water	venir (l'eau) à la bouche	das Wasser im Mund zusammenlaufen	watertanden
3. ordinare	to order	commander	bestellen	bestellen
4. frittella	Traditional Venetian sweet snack similar to a doughnut	Douceur typique de Venise semblable à des beignets	Typische venezianische Süßspeise, ähnlich wie Krapfen	Typische Venetiaanse zoetigheid, vergelijkbaar met een beignet
5. uvetta e pinoli	raisins and pine nuts	raisins secs et pignons	Rosinen und Pinienkerne	rozijnen en pijnboompitten
6. soffice	light	tendre	weich	zacht
7. tiepido/a	warm	un peu chaud, e	ein bisschen heiß	een beetje warm
8. togliersi	to take off	retirer	abnehmen	afdoen
9. furbetto/a	mischievous	coquin, e	schelmisch	ondeugend
10. chiacchierare	to chat	bavarder	plaudern	babbelen
11. una vera chicca	real treasure	véritable joyau	wahres Schmuckstück	echt juweel
12. campiello	small square/wide street	petite place / rue large	kleiner Platz/breite Straße	pleintje/brede straat
13. angolini nascosti	hidden spots	recoins	versteckte Winkel	verborgen hoekjes
14. panchina	bench	banc	Bank	bank
15. stuzzicare	to nibble	grignoter	knabbern	kleine gerechten eten
16. Fidati.	Trust me.	Crois-moi.	Vetrau mir.	Geloof me.
17. invitante	appetising	appétissant, e	ansprechend	smakelijk
18. cicchetto	mini-portions of traditional dishes	mini-rations de plats traditionnels	Miniportionen traditioneller Gerichte	mini-porties van traditionele gerechten
19. Dove ci sono gli anziani e i gondolieri si mangia bene.	Wherever the old people and the gondoliers eat, the food will be good.	On mange bien là où les personnes âgées et les gondoliers se rendent.	Dort wo die Alten und Gondelführer essen, isst man gut.	Daar waar de oude mensen en de gondeliers eten, is het eten goed.

GIORNO 3				
ITALIANO	**INGLESE**	**FRANCESE**	**TEDESCO**	**NEERLANDESE**
1. chissà	who knows	qui sait	wer weiß	wie weet
2. accorgersi	to realise	se rendre compte	bemerken	opmerken
3. strano/a	strange	étrange	seltsam	eigenaardig
4. altezza	height	taille	Größe	lengte
5. fare una brutta figura	to make a bad impression	perdre la face	einen schlechten Eindruck hinterlassen	een slecht figuur slaan
6. Mi dispiace.	I'm sorry	Je suis désolé, e	es tut mir leid	Het spijt me
7. Non fa niente.	No worries	Ce n'est pas grave	macht nichts	Het geeft niet
8. Per carità!	Please	S'il te plaît	bitte	Alsjeblieft
9. sconosciuto/a	stranger	inconnu, e	Unbekannte/r	onbekende
10. fare finta	to pass off as someone else	se faire passer pour quelqu'un	sich als jemand anderes ausgeben	zich voordoen als iemand
11. scherzo	joke	blague	Scherz	grap
12. Colpa mia!	It was my fault!	C'est ma faute !	Das war meine Schuld!	Het was mijn schuld!
13. ritardo	delay	retard	Verspätung	vertraging
14. assomigliare	to resemble	ressembler à	sich ähnlich sehen	lijken op
15. scemo	fool	bête	Dumm	domkop
16. venire in mente	to come to mind	venir à l'esprit	jemanden fällt was ein	iets in iemand opkomen
17. Ci sto!	I'm in!	Je suis de la partie !	Ich bin dabei!	Ik doe mee!
18. Peccato!	What a shame!	Quel dommage !	Wie Schade!	Wat jammer!
19. Che faccia tosta!	What a nerve!	Quel culot !	Was ein Gesicht!	Wat een lef!
20. Me lo merito!	I deserved it!	Je l'ai mérité !	Ich hab's verdient!	Ik heb het verdiend!

Una città sull'acqua p. 16-17

A city set amid water

Venice, situated in a lagoon of the Adriatic Sea, is a city completely built amid water. This characteristic, one of its kind in the world, is due to its history: during barbarian invasions in the fifth century, mainland inhabitants sought refuge on the islands, as they were more difficult for the invaders to reach. Thanks to its historical and artistic heritage, the city, along with the lagoon, has been declared a World Heritage Site by UNESCO.

The city's boundaries include the mainland areas of Mestre and Marghera–where one of the most important commercial ports in Italy is located–and several islands, of which the most famous are Murano, Burano and Lido di Venezia, although there are other smaller but equally fascinating islands, such as Torcello and San Lazzaro degli Armeni.

1 Although Murano is known the world over for its artisan glass production, it also boasts artistic treasures such as the Basilica of Santa Maria e San Donato. Burano (pictured), with its colourful houses, is also known as the island of lace and embroidery. Lido di Venezia is one of the most popular seaside resorts in Europe and every year a host of famous names descend on the island for the Mostra, the Venice International Film Festival.

2 There are no roads in Venice, only canals, the main one being the Grand Canal, which goes across the whole city. The different islands are connected by 435 bridges, the majority of which are made of stone. Public transport consists of a comprehensive network of *vaporetti* (waterbuses) and *motoscafi* (taxi motorboats), but the most traditional boat is still the gondola, a classic symbol of the city.

3 The *acqua alta* (high tide) phenomenon is characteristic of Venice. In autumn and winter especially, the water, combined with a specific type of wind and atmospheric pressure, raises the sea level until it floods the city. When this occurs, raised walkways are installed so that people can move through the city without getting wet. In spite of the inconvenience, the flooded city is still a fascinating sight to behold.

Une ville sur l'eau

Venise, située dans une lagune de la mer Adriatique, est une ville entièrement construite sur l'eau. Cette caractéristique unique au monde est due à son histoire : durant les invasions barbares du Ve siècle, les habitants de la zone continentale se réfugièrent dans les îles, étant donné que les envahisseurs avaient plus de mal à les atteindre. Grâce à son patrimoine historique et artistique, la ville, avec sa lagune, a été déclarée au patrimoine de l'humanité par l'UNESCO.

Le territoire de la ville comprend les zones continentales de Mestre et Marghera – où est situé l'un des ports commerciaux les plus importants d'Italie – et plusieurs îles, dont les plus fameuses sont celles de Murano, Burano et du Lido de Venise, bien qu'il y ait aussi d'autres îles plus petites tout aussi fascinantes, telles que Torcello et San Lazzaro degli Armeni.

1 Murano est connue dans le monde entier en raison de sa production artisanale de verre, mais elle possède également certains joyaux artistiques comme la basilique de Santi Maria e Donato. Burano (photo), avec ses maisons colorées, est aussi connue comme l'île de la dentelle et de la broderie. Le Lido de Venise est l'un des villages côtiers les plus populaires d'Europe et, chaque année, elle attire de nombreuses stars grâce à la Mostra, le Festival international du film de Venise, qui y est organisé.

2 À Venise, il n'y a pas de rues, mais des canaux. Le principal canal est le Grand Canal, qui traverse la ville. Les différentes îles sont reliées entre elles par 435 ponts, dont la plupart sont en pierre. Le transport public offre un dense réseau de *vaporetti* (bateaux-bus) et de *motoscafi* (bateaux-taxis), mais le bateau le plus traditionnel demeure la gondole, véritable symbole de la ville.

3 Le phénomène de l'*acqua alta* (marée haute) est caractéristique de Venise. En automne et en hiver, notamment, la marée, combinée avec un vent particulier et la pression atmosphérique, fait monter le niveau de la mer jusqu'à inonder la ville. Lorsque cela se passe, on installe des passerelles permettant de se déplacer dans la ville sans se mouiller. Malgré les inconvénients que cela pose, la vue sur la ville inondée est toujours fascinante.

Eine stadt im wasser

Venedig ist an einer Lagune des Adriatischen Meers gelegene Stadt, die komplett im Wasser erbaut wurde. Diese weltweit einzigartige Besonderheit hat mit ihrer Geschichte zu tun: während der Barbaren-Invasionen im 5. Jahrhundert flüchteten sich die Bewohner der des Binnenwassergebiets auf die Inseln, da sie für die Invasoren schwieriger erreichbar waren. Dank ihrem historischen und künstlerischen Erbe wurde die Stadt zusammen mit ihrer Lagune von der UNESCO als Weltkulturerbe ausgezeichnet.

Das Stadtgebiet umfasst die Binnenwassergebiete Mestre und Marghera, wo sich einer der wichtigsten Handelshäfen Italiens befindet, und mehrere Inseln; Murano, Burano und Lido di Venezia zählen zu den bekanntesten unter ihnen, es gibt aber auch kleinere, gleichermaßen faszinierende Inseln, wie Torcello und San Lazzaro degli Armeni.

1 Murano ist weltweit für ihre kunsthandwerkliche Glasherstellung bekannt, zählt aber auch mit einigen architektonischen Schmuckstücken, wie die Pfarrkirche Basilica di Santi Maria e Donato. Burano (Foto) ist mit ihren bunten Häusern auch als Insel der Spitzen und Stickereien bekannt. Lido di Venezia zählt zu den beliebtesten Küstenorten Europas und zieht dank den hier veranstalteten Internationalen Filmfestspielen von Venedig Jahr für Jahr berühmte Persönlichkeiten an.

2 In Venedig gibt es keine Straßen, sondern Kanäle. Der wichtigste ist der Canal Grande, der die ganze Stadt durchquert. Die verschiedenen Inseln sind durch 435 Brücken miteinander verbunden, die meisten von ihnen bestehen aus Steinen. Der öffentliche Verkehr besteht aus einem dichten Netz aus *Vaporetti* (Wasserbusse) und *Motoscafi* (Taxi-Boote), das traditionellste Boot ist jedoch nach wie vor die Gondel, die ein Wahrzeichen der Stadt ist.

3 Das Naturphänomen *acqua alta* (Hochwasser) ist in Venedig allseits bekannt. Insbesondere im Herbst und Winter lassen die Gezeiten in Kombination mit einem bestimmten Wind und Luftdruck den Meeresspiegel derartig ansteigen, dass die Stadt überflutet wird. In diesem Fall werden Stege aufgebaut, die es ermöglichen, sich durch die Stadt zu bewegen, ohne nass zu werden. Trotz der Unannehmlichkeiten bietet die überflutete Stadt einen faszinierenden Anblick.

Een stad van het water

De stad Venetië ligt in een lagune van de Adriatische Zee en is volledig in het water gebouwd. Deze in de wereld unieke bijzonderheid komt voort uit haar geschiedenis. Gedurende de invallen van de barbaren in de 5e eeuw vluchten de inwoners van het vasteland naar de eilanden omdat deze moeilijker te bereiken waren voor de indringers. Dankzij haar historische en artistieke erfgoed staat de stad samen met haar lagune op de Werelderfgoedlijst van UNESCO.

Tot de stad behoren ook de gebieden op het vasteland Mestre en Marghera, waar een van de belangrijkste handelshavens van Italië is gelegen, en verschillende eilanden, waarvan de bekendste Murano, Burano en Lido di Venezia zijn, hoewel er ook andere kleinere eilanden zijn die net zo fascinerend zijn, zoals Torcello en San Lazzaro degli Armeni.

1 Murano is internationaal bekend om zijn ambachtelijke productie van glas, maar heeft ook enkele artistieke juwelen zoals de Basiliek van Santa Maria e San Donato. Burano (foto), met zijn kleurrijke huizen, staat ook bekend als het eiland van kantklossen en borduurwerk. Lido de Venezia is een van de populairste kustgebieden van Europa en het trekt elk jaar vele beroemdheden aan dankzij het Mostra, het Internationale Filmfestival van Venetië, dat hier georganiseerd wordt.

2 In Venetië zijn er geen straten, maar kanalen. Het belangrijkste kanaal is het Gran Canal dat dwars door de hele stad loopt. De verschillende eilanden zijn met elkaar verbonden door 435 bruggen, waarvan de meeste van steen zijn gemaakt. Het openbaar vervoer biedt een dicht netwerk van *vaporetti* (waterbussen) en *motoscafi* (taxiboten) aan maar de meest traditionele boot is zonder enige twijfel de gondel, het authentieke symbool van de stad.

3. Kenmerkend voor Venetië is het fenomeen van *acqua alta* (hoogwater). Vooral in de herfst en de winter zorgt het getijde ervoor, in combinatie met een bepaalde wind en atmosferische druk, dat het hoogwater in de zee zelfs de stad onder water zet. Als deze situatie zich voordoet worden looppaden geïnstalleerd om ervoor te zorgen dat men zich door de stad kan verplaatsen zonder nat te worden. Ondanks de ongemakken blijft het uitzicht over de overstroomde stad fascinerend.

Arte a venezia p. 28-29

Art in venice

For centuries, Venice has been, and continues to be, a vibrant art and cultural centre. The variety and richness of its artworks and its architectural treasures attract millions of visitors each year.

Venetian art is highly varied reflecting the city's different historical eras. Venice has also always been a meeting ground between the East and the West, which is why the city boasts architecture and works with obvious Eastern influence, such as the dome of St Mark's Basilica.

1 When walking through Venice you can trace its history merely by observing the city's palaces: the Venetian Gothic-style Palazzo Fortuny and Ca' d'Oro, the Baroque-style Ca' Rezzonico, and the Palazzo Grimani, a magnificent renaissance building on the Grand Canal.

2 The city's churches are also magnificent, from the exquisite St Mark's Basilica, which abounds with ornamentation and mosaics, to the Basilica di Santa Maria della Salute, a classic example of the Venetian Baroque. The churches also house exquisite treasures, such as paintings and frescos by artists such as Titian, Canaletto and Tiepolo.

3 The main museums in the city are the Galleria dell'Accademia, Palazzo Grassi, which hosts various international art exhibitions, the Peggy Guggenheim Collection, which includes twentieth-century American and European pieces, and the Museo Correr, which houses paintings that date from the fifteenth to the nineteenth century and sculptures such as *Daedalus and Icarus*, by Canova.

3 Les principaux musées de la ville sont la Galleria dell'Accademia, le Palazzo Grassi, – qui accueille plusieurs expositions internationales d'art –, la collection Peggy Guggenheim – qui comprend des œuvres d'art américaines et européennes du XXe siècle –, et le musée Correr – contenant des peintures qui datent d'une période allant du XVe siècle au XIXe siècle et des sculptures comme celle de Dédale et Icare, de Canova.

L'art à venise

Depuis des siècles, Venise est un centre culturel et artistique très animé. La variété et la richesse de ses œuvres d'art et de ses joyaux architecturaux attirent des millions de visiteurs chaque année.

L'art vénitien est très varié et reflète les différentes périodes historiques de la ville. De plus, Venise a été un point de rencontre entre l'Orient et l'Occident : c'est pour cela que l'on peut trouver dans la ville de l'architecture et des œuvres d'inspiration orientale évidente, comme les coupoles de la basilique Saint-Marc.

1 En se promenant dans Venise, on peut parcourir son histoire en observant tout simplement ses magnifiques demeures seigneuriales : le Palazzo Fortuny et Ca' d'Oro, de style gothique vénitien, Ca' Rezzonico, de style baroque, et le Palazzo Grimani, un imposant édifice de style Renaissance situé sur le Grand Canal.

2 Les églises sont aussi merveilleuses. De l'impressionnante basilique Saint-Marc, aux superbes ornements et mosaïques, à celle de Santa Maria della Salute, exemple classique du baroque vénitien. Mais les églises surprennent aussi en raison des trésors qu'elles recèlent. En effet, elles contiennent des peintures et des fresques d'artistes comme Tiziano, Canaletto et Tiepolo.

Kunst in venedig

Venedig ist seit vielen Jahrhunderten ein pulsierendes kulturelles und künstlerisches Zentrum. Die Vielfalt und der Reichtum der Kunstwerke und die architektonischen Schmuckstücke ziehen jährlich Millionen von Besuchern an.

Die venezianische Kunst ist sehr vielseitig und spiegelt die verschiedenen historischen Epochen der Stadt wider. Zudem war Venedig schon immer ein Treffpunkt zwischen Orient und Okzident: aus diesem Grund finden sich in der Stadt klar orientalisch inspirierte Kunstwerke und Architektur, wie die Kuppeln des Markusdoms.

1 Bei einem Spaziergang durch Venedig kann man beim Betrachten der prunkvollen herrschaftlichen Paläste die Geschichte durchlaufen: der Palazzo Fortuny und das Ca' d'Oro im venezianischem Gotikstil, das Ca' Rezzonico im Barockstil und der Palazzo Grimani, ein imposanter Renaissance-Palast am Canal Grande.

2 Die Kirchen sind ebenfalls höchst eindrucksvoll. Vom imposanten Markusdom voller Dekorationen und Mosaiken, bis hin zur Santa Maria della Salute im klassischen venezianischen Barockstil. Die Kirchen sind auch für die Schätze berühmt, die sie beherbergen, in ihrem Inneren befinden sich nämlich Malereien und Fresken von Künstlern wie Tiziano, Canaletto und Tiepolo.

3 Die wichtigsten Museen der Stadt sind die Galleria dell'Accademia, der Palazzo Grassi, der verschiedene internationale Kunstausstellungen beherbergt, die Peggy Guggenheim Collection, in der amerikanische und europäische Kunstwerke aus dem 20. Jahrhundert ausgestellt sind, und das Museum Correr, in dem man Gemälde aus dem 15.-19. Jahrhundert, sowie Skulpturen wie Dädalus und Ikarus des Bildhauers Canova bewundern kann.

Kunst in venetië

Venetië is al eeuwenlang een bruisend cultureel en artistiek centrum. De verscheidenheid en de rijkdom van de kunstwerken en architectonische juwelen trekken jaarlijks miljoenen bezoekers.

De Venetiaanse kunst is zeer gevarieerd en weerspiegelt de verschillende historische periodes van de stad. Bovendien is Venetië altijd een ontmoetingsplaats geweest tussen Oost en West: om deze reden zijn er in de stad architectuur en bouwwerken met een duidelijke oosterse invloed te vinden, zoals de koepels van de San Marco-basiliek.

1. Wandelend door Venetië wandelt men door haar geschiedenis alleen al door de prachtige statige paleizen te bekijken: het Palazzo Fortuny en Ca' d'Oro, in Venetiaans gotische stijl, het barokke Ca' Rezzonico en het Palazzo Grimani, een imposant renaissancegebouw aan het Canal Grande.

2 De kerken zijn ook meer dan prachtig. Van de indrukwekkende Basiliek van San Marco die rijk is aan decoraties en mozaïeken tot de Basiliek van Santa Maria della Salute wat een klassiek voorbeeld is van de Venetiaanse barok. De kerken zijn ook verrassend vanwege de schatten die ze herbergen, zoals schilderijen en fresco's van kunstenaars als Titiaan, Canaletto en Tiepolo.

3 De belangrijkste musea van de stad zijn de Galleria dell'Accademia, het Palazzo Grassi, dat verschillende internationale kunsttentoonstellingen herbergt, de Peggy Guggenheim Collectie, met onder andere Amerikaanse en Europese kunstwerken uit de 20e eeuw en het Correr Museum, met schilderijen uit de 15e tot en met de 19e en beeldhouwwerken als de Daedalus en Icarus van Canova.

Cucina veneziana p. 38-39

Venetian cuisine

Venetian cuisine includes a great variety of meat and fish dishes often made using ingredients from the different cultures that the city has come into contact with: cod from the Baltic, spices imported from the East, rice introduced by the Arabs, and polenta, made with maize from the New World.

Traditional dishes can be sampled at countless restaurants and trattorias. Additionally, bacari offer a wide range of cicchetti, delicious mini-portions of traditional dishes, as appetisers.

1 Fish dishes include *baccalà mantecato* (whipped salt cod) and the more elaborate *sarde in saor*, sardines seasoned with onion, raisins and pine nuts (pictured). Another traditional dish is *fegato alla veneziana*: liver cooked with vinegar, butter and onions. Finally, another essential dish is *risi e bisi* (rice and peas).

2 Venetian pastries are delicious and varied, including dry biscuits such as *baicoli* or *zaeti*, perfects for dunking in coffee or sweet wine; *pan del doge*, a leavened sweet bread with dried figs, walnuts and honey; and, finally, traditional Carnival sweets, such as different versions of *fritole* (a type of doughnut), and *galani*, also known as *crostoli* or *chiacchiere*: thin strips of fried dough sprinkled with sugar (pictured).

3 Wine from the lagoon, and from Veneto in general, is top quality and many have their own appellation of origin. Among an extensive selection of white, red, sparkling and dessert wines are Prosecco, Soave and Amarone. Another very popular drink is spritz (pictured), a drink made from Prosecco, sparkling water and a bitter such as Aperol or Campari.

La cuisine vénitienne

La cuisine vénitienne comprend une grande variété de plats à base de poisson et de viande, dont les ingrédients proviennent souvent des différentes cultures avec lesquelles la ville est entrée en contact : la morue de la mer Baltique, des épices importées d'Orient, du riz introduit par les Arabes, et la polenta, élaborée à base de maïs du Nouveau Monde.

On peut déguster les plats typiques italiens dans les nombreux restaurants et *trattorias*. D'autre part, il y a aussi les *bacari*, qui offrent en apéritif un grand assortiment de *cicchetti*, de délicieuses mini-rations de plats traditionnels.

1 Parmi les plats à base de poisson, se trouvent notamment la *baccalà mantecato* (brandade vénitienne) et les *sarde in saor*, plat plus élaboré composé de sardines marinées à l'oignon, aux raisins secs et aux pignons (photo). Un autre plat traditionnel est le *fegato alla veneziana*, foie cuit au vinaigre, au beurre et à l'oignon. Enfin, n'oublions pas un plat de *risi e bisi* (riz et petits pois).

2 La pâtisserie vénitienne est riche et variée. Il y a des gâteaux secs comme le *baicoli* ou le *zaeti*, savoureux mouillés dans du café ou du vin sucré ; le *pan del doge*, une douceur levée aux figues sèches, aux noix et au miel ; et, enfin, les friandises typiques du Carnaval : les *fritole* (une sorte de beignet) dans ses différentes variantes et les *galani*, aussi connus comme *crostoli* ou *chiacchiere* : de fines bandes de pâte frite, saupoudrées de sucre (photo).

3 Les vins de la lagune, et de la Vénétie en général, sont d'excellente qualité et beaucoup d'entre eux disposent d'une appellation d'origine. Parmi le grand choix de vins blancs, rouges, mousseux et de dessert, mentionnons le Prosecco, le Soave et l'Amarone. Il y a aussi le spritz (photo), très populaire, une boisson préparée à base de Prosecco, d'eau gazeuse et d'un bitter comme l'Aperol ou le Campari.

Venezianische küche

Die venezianische Küche umfasst eine große Vielfalt an Fisch- und Fleischgerichten, deren Zutaten oftmals aus den verschiedenen Kulturen stammen, die mit der Stadt in Kontakt standen: Kabeljau aus der Ostsee, Gewürze aus dem Orient, von den Arabern eingeführter Reis, und Polenta, die aus dem Mais der neuen Welt hergestellt wurde.

In den zahlreichen Restaurants und *Trattorias* (Gastwirtschaften) kann man die typischen Speisen probieren. Zudem gibt es auch die *Bacari*, die als Aperitif eine breite Auswahl an *Cichetti*, köstliche Miniportionen traditioneller Gerichte, anbieten.

1 Unter den Fischgerichten sind die *Baccalà mantecato* (Stockfischcreme), sowie die etwas aufwendiger zubereiteten *Sarde in saor*, Sardinen gewürzt mit Zwiebeln, Rosinen und Pinienkernen, hervorzuheben (Foto). Ein weiteres traditionelles Gericht ist die *Fegato alla veneziana*, mit Essig, Butter und Zwiebel zubereitete Leber. Zu guter Letzt darf nicht die Speise *Risi e bisi* (Reis und Erbsen) vergessen werden.

2 Die venezianischen Backwaren sind lecker und vielseitig. Es gibt trockene Kekse wie die *Baicoli* oder die *Zaeti*, die ideal sind, um sie in Kaffee oder süßen Wein zu tunken; das *Pan del doge*, ein Hefegebäck mit Trockenfeigen, Nüssen und Honig; und natürlich das typische Karnevalsgebäck: *Frittole* (ähnlich wie Krapfen) in verschiedenen Varianten und die *Galani*, die auch *Crostoli* oder *Chiacchiere* genannt werden: feine Streifen gebratenen Teigs, die mit Zucker bestreut werden (Foto).

3 Die Weine aus der Lagune und ganz Venetien haben hervorragende Qualität und sind meist mit einer Ursprungsbezeichnung versehen. Aus der großen Palette an Weißweinen, Rotweinen, Schaumweinen und Dessertweinen stechen der Prosecco, der Soave und der Amarone hervor. Dann ist da auch noch der allseits beliebte Spritz (Foto), ein Getränk, das mit Prosecco, Mineralwasser und einer Spirituose, wie Aperol oder Campari zubereitet wird.

De venetiaanse keuken

De Venetiaanse keuken kent een grote verscheidenheid aan vis- en vleesgerechten waarvan de ingrediënten vaak afkomstig zijn uit de verschillende culturen waarmee de stad in aanraking is gekomen: kabeljauw uit de Baltische Zee, uit het oosten geïmporteerde specerijen, door de Arabieren geïntroduceerde rijst en polenta, gemaakt van maïs uit de Nieuwe Wereld.

De typische gerechten kan men proeven in de talrijke restaurants en *trattorias* die de stad rijk is. Daarnaast hebben we ook de *bacari*, die als aperitief een breed scala aan *cicchetti*, heerlijke mini-porties van traditionele gerechten aanbieden.

1 Onder de visgerechten noemen we de *baccalà mantecato* (kabeljauw in room) en de meer bewerkelijke *sarde en saor*, sardientjes op smaak gebracht met ui, rozijnen en pijnboompitten (foto). Een ander traditioneel gerecht is *fegato alla veneziana*, lever gekookt met azijn, boter en ui. Tot slot mag het gerecht *risi e bisi* (rijst met erwten) niet ontbreken.

2 Het Venetiaanse gebak is smaakvol en gevarieerd. Er zijn droge koekjes zoals *baicoli* of *zaeti*, lekker om in koffie of zoete wijn onder te dompelen; *pan del doge*, een zoet broodje met gedroogde vijgen, walnoten en honing; en ten slotte de typische carnavalsnoepjes: de *fritole* (een soort beignet) in verschillende varianten en de *galani*, ook wel bekend als *crostoli* of *chiacchiere*: dunne reepjes gefrituurde deeg, bestrooid met suiker (foto).

3 De wijnen van de lagune, en van Veneto in het algemeen, zijn van hoge kwaliteit en hebben vaak een oorsprongsbenaming. Uit de brede selectie van witte, rode, mousserende en dessertwijnen zijn vooral de Prosecco, Soave en Amarone noemenswaardig. Laten we ook de spritz (foto) niet vergeten, een zeer populair drankje gemaakt van prosecco, koolzuurhoudend water en een bitter zoals Aperol of Campari.

Eventi p. 50-51

Events

Venice plays host to countless concerts, shows and events, many of them internationally renowned, all throughout the year, attracting a large number of visitors and inquisitive folk.

Some of the events that take place in the city, such as those with religious origins or those commemorating historical events, are very old and much loved by Venetians, such as Carnival and the Festa del Redentore. Others are more modern but have similarly become tradition, such as the Venice International Film Festival.

1 Venice Carnival, one of the most widely appreciated in the world, dates back to the late eleventh century and takes place right before Lent. Ever since the era of the Doge (the senior official of the Republic of Venice), masks have been a way to ensure anonymity, enjoy a sense of insouciance, and break with social norms. These days the festival is a spirited affair in which the whole city participates. It is made up of various events, such as the parade along the Grand Canal (pictured) and the spectacular Flight of the Angel.

2 The Festa del Redentore is a festival held in July to give thanks for the end of the plague of 1575–1577. Local people walk in procession across a pontoon bridge built across the Giudecca Canal towards Il Redentore church. The celebration also includes a firework display and regattas with traditional Venetian boats.

3 The Venice International Film Festival, one of the most important in the world, has been held since 1932, generally between August and September. It takes place in Lido di Venezia, which transforms into one endless celebrity red carpet for the occasion. The most coveted prize is the Golden Lion, which is named after the lion of St Mark, the symbol of Venice.

Événements

Un grand nombre de concerts, de spectacles et d'événements animent Venise durant toute l'année. Ces événements, souvent de renommée mondiale, attirent régulièrement un énorme nombre de visiteurs et de curieux. Certains des événements qui ont lieu dans la ville, comme ceux d'origine religieuse ou ceux qui remémorent des faits historiques, sont très anciens et particulièrement chers aux Vénitiens, comme le Carnaval ou la fête du Rédempteur. D'autres, quant à eux, ont des origines plus modernes, mais ils sont également devenus une tradition, comme le Festival international du film de Venise.

1 Le Carnaval. L'un des plus appréciés au monde, il date de la fin du XIe siècle et a lieu les jours qui précèdent le Carême. Depuis l'époque des Doges (premier magistrat de Venise), les masques ont été un moyen de garantir l'anonymat, de vivre avec insouciance et d'enfreindre les règles sociales. Aujourd'hui, c'est une fête joyeuse à laquelle toute la ville participe et qui comprend plusieurs événements, comme le défilé sur le Grand Canal (photo) et le spectaculaire Vol de l'ange.

2 La fête du Rédempteur. Elle a lieu en juillet et est une action de grâce commémorant la fin de l'épidémie de peste de 1575-1577. Un pont flottant est construit sur le canal de la Giudecca, sur lequel les habitants passent en procession en direction de l'église du Rédempteur. La fête comprend également un spectacle de feux d'artifice et de régates de bateaux typiques de Venise.

3 Le Festival international du film de Venise. Il s'agit de l'un des festivals de cinéma les plus importants au monde, organisé depuis 1932, généralement entre août et septembre. Il a lieu sur le Lido de Venise, qui, à cette occasion, se transforme en un défilé de stars. Le prix le plus convoité est le Lion d'Or, qui tire son nom du lion de saint Marc, symbole de Venise.

Events

Venedig ist mit Konzerten, Schauspielen und Events das ganze Jahr über in Stimmung. Viele dieser Veranstaltungen sind international bekannt und ziehen regelmäßig unzählige Besucher an.

Einige der in der Stadt veranstalteten Events, wie jene, die einen religiösen Ursprung haben oder geschichtlichen Ereignissen gedenken, wie der Karneval oder die Festa del Redentore, sind bei den Venezianern besonders beliebt. Andere, wie die Internationalen Filmfestspiele von Venedig, sind erst in moderner Zeit entstanden, sie sind mittlerweile jedoch auch schon Tradition geworden.

1 Karneval. Eins der beliebtesten Karnevalsfeste der Welt, das seinen Ursprung im 11. Jahrhundert hat und in den Tagen vor Beginn der Fastenzeit gefeiert wird. Seit der Epoche der Dogen (Regierungsoberhaupt der Republik Venedig) waren die Masken ein Mittel, um die Anonymität zu wahren, unbesorgt zu leben und die sozialen Konventionen übertreten zu können. Heutzutage ist es ein fröhliches Fest, an der die gesamte Stadt teilnimmt und verschiedene Events umfasst, wie den Umzug des Canal Grande und dem spektakulärem Engelsflug.

2 Festa del Redentore. Dieses Fest wird im Juli gefeiert und ist ein Symbol der Befreiung von der Pest, die 1575-1577 in der Stadt herrschte. Über den Canale della Giudecca wird eine Pontonbrücke gelegt, auf der die Einwohner in einer Prozession bis zur Redentorkirche pilgern. Im Rahmen der Feierlichkeit werden auch ein Feuerwerk und eine Regatta in typisch venezianischen Booten veranstaltet.

3 Internationale Filmfestspiele von Venedig. Es ist eines der weltweit wichtigsten Filmfestivals, das bereits seit 1932 organisiert wird und üblicherweise im August oder September veranstaltet wird. Es findet auf der Insel Lido di Venezia statt, die sich in dieser Zeit in einen Laufsteg der Prominenz verwandelt. Die begehrteste Auszeichnung ist der Goldene Löwe, der seinen Namen dem Löwen des Heiligen Markus, dem Schutzpatron der Stadt, zu verdanken hat.

Evenementen

Een groot aantal concerten, voorstellingen en evenementen zorgen het hele jaar door voor leven in Venetië . Deze evenementen, vaak van internationale faam, trekken regelmatig een enorm aantal bezoekers en toeschouwers aan.

Sommige van de religieuze en historische evenementen die in de stad plaatsvinden zijn al eeuwenoud en bijzonder geliefd bij de Venetianen, zoals Carnaval of het feest van de Verlosser Andere daarentegen hebben een modernere oorsprong, maar zijn ook een traditie geworden, zoals het Internationale Filmfestival van Venetië.

1 Carnaval. Een van de meest gewaardeerde carnavals in de wereld wordt sinds de laat elfde eeuw gevierd in de dagen voorafgaand aan de vastentijd. Sinds de tijd van de Dogos (de hoogste leider van de Republiek Venetië), zijn maskers een middel om anonimiteit, leven zonder zorgen en het overtreden van sociale regels te garanderen. Vandaag is het een vrolijk feest waaraan de hele stad deelneemt en waar verschillende evenementen aan deelnemen, zoals de parade op het Canal Grande (foto) en de spectaculaire Angel Flight.

2 Het Feest van de Verlosser. Dit feest wordt gehouden in juli en is een symbool van erkentelijkheid voor het einde van de pestepidemie van 1575- 1577. In het kanaal van Giudecca wordt een pontonbrug gebouwd waarover de burgers in processie naar Il Redentore gaan. Bij de viering horen ook vuurwerk en regatta's van typische Venetiaanse boten.

3 Internationaal Filmfestival van Venetië. Een van de belangrijkste filmfestivals ter wereld, georganiseerd sinds 1932, meestal tussen augustus en september. Het wordt gehouden in het Lido di Venezia, dat voor de gelegenheid een catwalk voor beroemdheden wordt. De meest begeerde prijs is de Gouden Leeuw, die zijn naam ontleent aan de leeuw van San Marco, het symbool van Venetië.

Collana *Un fine settimana a...*

Autrice
Fidelia Sollazzo

Coordinamento editoriale e redazione
Ludovica Colussi

Attività
Ludovica Colussi

Impaginazione e progetto grafico
Oriol Frias

Traduzioni
Anexiam - Language Services

ISBN: 978-84-17710-18-7
Deposito legale: B 19515-2019
Stampato in UE

MISTO
Carta da fonti gestite in maniera responsabile
FSC® C125125
FSC www.fsc.org

EDIZIONI C casa delle lingue

Fotografie
Copertina AleksandarGeorgiev/iStockphoto; **p. 4** RelaxFoto.de/iStockphoto, vesilvio/iStockphoto, Mongpro/iStockphoto, mammuth/iStockphoto, wuttichaijangrab/iStockphoto; **p. 5** Floortje/iStockphoto, nantonov/iStockphoto, ROMAOSLO/iStockphoto, ezza116/iStockphoto, sborisov/iStockphoto; **p. 6** Emotionart/Dreamstime; **p. 7** Jozef Sedmak/Dreamstime; **p. 8** Kaanjee/iStockphoto; **p. 9** Elifranssens/Dreamstime; **p. 10** Longhi/Wikimedia; **p. 11** carpaumar/iStockphoto; **p. 12** Vivaldi/Wikimedia; **p. 15** Marcelo_minka/iStockphoto, Joaquin Ossorio-Castillo/iStockphoto, Ihor Serdyukov/Dreamstime, photomaru/iStockphoto, Rimbalzino/iStockphoto, Gabri90/iStockphoto; **p. 16** Frankvanden-Bergh/iStockphoto; **p. 17** helovi/iStockphoto, egal/iStockphoto, Emotionart/Dreamstime; **p. 18** Zinaida Zakharova/Dreamstime, Pxlxl/Dreamstime, ChiccoDodiFC/iStockphoto, RUBEN RAMOS/iStockphoto; **p. 19** txkingj/iStockphoto, wattanaphob/iStockphoto; Cristian Storto Fotografia/iStockphoto, FabrikaCr/iStockphoto, wundervisuals/iStockphoto; **p. 20** Lucamato/Dreamstime; **p. 21** DGIT/iStockphoto; **p. 22** Marcus Lindstrom/iStockphoto; **p. 23** Casanova/Wikimedia; **p. 26** Emya/iStockphoto; **p. 27** Canaletto/Wikimedia; **p. 28** ClaudioVentrella/iStockphoto; **p. 29** Ethan Doyle White/Wikimedia, Scaliger/Dreamstime, Lejoch/Dreamstime; **p. 30** ArtMarie/iStockphoto, iprogressman/iStockphoto, OksanaKiian/iStockphoto, Wisconsinart/Dreamstime, valentinrussanov/iStockphoto, ChiccoDodiFC/iStockphoto; **p. 31** PeopleImages/iStockphoto, Anatoliy Sadovskiy/iStockphoto, Danflcreativo/Dreamstime, alle12/iStockphoto, margouillatphotos/iStockphoto; **p. 33** Claudiahake/Dreamstime; **p. 34** Stefflater/Wikimedia; **p. 37** Marco Polo/Wikimedia, Didier Descouens/Wikimedia; **p. 38** Don White/iStockphoto; **p. 39** Malkovstock/iStockphoto, Jimmy69/iStockphoto, Angelafoto/iStockphoto; **p. 40** SIphotography/iStockphoto, g-stockstudio/iStockphoto, Kanawa_Studio/iStockphoto, UliU/iStockphoto; **p. 41** Rawpixel/iStockphoto, masterzphotoisiStockphoto, Matthew Corley/iStockphoto, fatihhoca/iStockphoto; **p. 43** ralfgosch/iStockphoto; **p. 46** Brasilnut/Dreamstime; **p. 47** Koryenyeva/iStockphoto; **p. 48** m-imagephotography/iStockphoto, AleksandarNakic/iStockphoto, Alexa-Mitiner/iStockphoto; **p. 49** Didier Descouens/Wikimedia; **p. 50** SorinVidis/iStockphoto; **p. 51** dalbera/Wikimedia, Anna Om/Dreamstime, Silvia Bianchini/iStockphoto